HEINRICH ZILLE

HEINRICH ZILLE
DAS ALTE BERLIN
PHOTOGRAPHIEN 1890 – 1910

Mit einem Text von Matthias Flügge

SCHIRMER/MOSEL
MÜNCHEN · PARIS · LONDON

Die Deutsche Bibliothek – CIP-Einheitsaufnahme
Zille, Heinrich: Das alte Berlin / Photographien 1890 – 1910
Mit einem Text von Matthias Flügge. – München; Paris; London:
Schirmer/Mosel, 1999 (Meister der Kamera)
ISBN 3-88814-848-0

Lithos: NovaConcept, Berlin
Satz: Gerber Satz, München
Herstellung: EBS, Verona

ISBN 3-88814-848-0
Eine Schirmer/Mosel Produktion

Programminformation im Internet:
http://www.schirmer-mosel.de

Inhalt

Matthias Flügge

Wirklichkeit als Material
Zilles Photographien

Heinrich Zilles Photographien gelten heute, fast ein Jahrhundert nach ihrem Entstehen und 30 Jahre nach ihrer »Entdeckung«, als zu den frühesten Zeugnissen einer sozialdokumentarischen Photographie in Deutschland gehörig. Das Werk dieses Künstlers ist eng mit Berlin verbunden. Die Stadt Berlin, die sich heute politisch, kulturell und wirtschaftlich als unfähig erweist, ihre Hauptstadtrolle einzunehmen, sucht nach Belegen einer Identität. Zilles Bilder könnten dabei helfen. Denn das wüste Gemisch aus Spekulation, kultureller Verrohung, hybrider Stadtplanung, politischer Großmannssucht und sozialem Niedergang von den Rändern her hatte zu seiner Zeit eine zwar dramatischere, aber durchaus parallele Form. Zille war den Symptomen anhand von Einzelschicksalen auf der Spur. Aber seine entschiedene Unentschiedenheit – politisch wie ästhetisch – hat ihn wechselnden Wertungen unterworfen. Man konnte ihn vereinnahmen, er war ein Reagierender. Aus der Kunstgeschichte ist er wohl auch deshalb herausgefallen, weil die Projektionen demiurgischer oder auch nur avantgardistischer Gesten auf ihn nicht passen wollen. Dafür hat er eine Publizität erreicht, die Künstlern gemeinhin versagt bleibt. Der Preis dafür war die Autonomie des Werks. Es muß deshalb von der Rezeptionsgeschichte her erklärt werden – und aus einer völlig unauffälligen Biographie.[1]

*

1967 erschien in Hannover ein von dem namhaften Theaterkritiker Friedrich Luft herausgegebenes Buch: *Heinrich Zille: Mein Photo-Milljöh.* Der Titel war in mehrfacher Hinsicht irreführend.

Er spielte auf eine Fortschreibung jenes erfolgreichsten Zille-Buches *Mein Milljöh* an, das zwischen seiner Erstveröffentlichung im Jahr 1914 und Zilles Tod 1929 in nahezu 150.000 Exemplaren verkauft worden war und in Reprints noch heute im Handel ist. Und der Titel zog zugleich eine Parallele zwischen Zilles photographischem und dem zeichnerischen Werk. Trotz der verkaufsfördernd gewählten Headline, die vortäuschte, daß den Leser die erwartet witzig typisierten Zille-Reportagen aus dem »Milljöh« nun auch im Lichtbild-Medium erfreuen sollten, erreichte das Buch kaum Öffentlichkeit. Wenige Leser interessierten sich für die bis dato gänzlich unbekannten Photographien des fast 40 Jahre zuvor verstorbenen Zeichners. Das »Photo-Milljöh« hatte denn doch zu wenig Ähnlichkeit mit dem jener Zeichnungen, die die öffentliche Anschauung von Heinrich Zille kannte und einforderte. Man hält schließlich bis heute an der einseitigen Rezeption des Karikaturisten und Satirikers Zille fest, die den Zeichner, Graphiker und Photographen in die zweite Reihe drängt. Zille bleibt im deutschen Kunstverständnis ein Fall für Trivialkultur und Regionalgeschichte, kein Kunstmuseum hat seinem Gesamtwerk bislang eine Ausstellung gewidmet.

*

Das Material, das 1967 verfügbar war, bestand aus zeitgenössischen Papierkopien und gut 300 Glas-Negativen. Als nach Zilles Tod im August 1929 im Berliner Märkischen Museum der Nachlaß gesichtet, jede kleine Skizze mit einem amtlichen Nachlaßstempel versehen wurde und die nach Hunderten zählenden Blätter unter die drei Kinder aufgeteilt wurden, achtete man der Photos nicht. Sie blieben in der Wohnung, Sophie-Charlotten-Straße 88, die Zilles jüngster Sohn Walter bis zu seinem Tod 1959 innehatte, und waren dann Umzugsgut von dessen Nachfahren.

*

1975 erschien in München Winfried Rankes grundlegende Arbeit über Heinrich Zilles Photographien.[2] Der Autor systematisierte das Material, ortete die alten Aufnahmeplätze in der kaum wiedererkennbaren Zweistadt Berlin und stellte erste motivische Verbindungen zwischen Photographien und Zeichnungen her. Die Bilder wurden, auch dank eines neu definierten Verständnisses der Photographie im Kontext der visuellen Künste, nun ernst genommen als aus der Zeit ragende Zeugnisse eines nüchternen Blicks auf die sozialen Verhältnisse im Berlin der Jahrhundertwende. Zille, der vermeintliche Kleinbürgerhumorist mit dem Proletenhabitus, der versöhnliche Kolporteur des Hinterhofhumors erwies sich als scharfer Beobachter mit vorbildloser, intuitiver Gestaltungskraft. Das Buch und die von ihm begleitete Ausstellung wurden Erfolge, die Presse berichtete vom »sensationellen Fund« des photographischen Nachlasses. Friedrich Lufts erster Publikationsversuch war vergessen. Seither zeigen Kunstmuseen Zilles Photographien.

*

Adolf Behne hat zu den Ursachen der verqueren Wirkungsgeschichte Zille'scher Kunst bereits 1920 bemerkt: »Heinrich Zille! Jeder vermeint, den famosen Schilderer des Berliner ›Milljöhs‹ zu kennen. Aber ich vermute, daß die meisten doch vielleicht nur die Oberfläche bisher sahen. Der *Künstler* Heinrich Zille steht noch im Dunkeln, weil das Publikum im unbewußten Egoismus seiner Freundschaft sich allzusehr vor ihm bescheidet. Es scheut sich, ihn ganz zu sehen, weil er dann aufhören könnte, amüsant zu sein. Das Publikum kennt nur den halben Zille bisher und *will* offenbar nur den halben... Die Zeichnungen, die stoßweise ins Elementare vordringen, werden am allerwenigsten beobachtet...«[3]

Die Sätze haben an Aktualität nicht verloren. Zille ist für viele noch immer der Illustrator und Humorist, der seine Ideen und Motive fortwährend wiederholte, weil er sich in einen Vermarktungskreislauf begeben hatte, in dem nicht das Künstlerische honoriert wurde, sondern der Einfall, die schnelle Reaktion, der mit erstem Hinsehen identifizierbare Zeichenstil und vor allem die »typische« Personnage. Zille selbst hat dieser Sicht den Boden bereitet, indem er seine Biographie und das, was er von sich mitteilte, den Erwartungen anpaßte. Er wollte als proletarischer Exot

im Bürgermilieu gelten, als einer, der das Dargestellte selbst durchlebt und durchlitten hatte und sich folglich durch Authentizität legitimieren konnte. Aber diese Authentizität gründete zumeist in der Anekdote. Sie ist deshalb kritisch zu betrachten.
Zilles selbstverfaßter Lebenslauf, den er 1924 anläßlich seiner Aufnahme in die Preußische Akademie der Künste vortrug, ist ein deutlicher Beleg, wie er Wahrhaftigkeit und Anekdote zu amalgamieren verstand: »Das Sehen und Erleben in den Kinderjahren half wohl später manche Bildchen gestalten. Oft ist's umgekehrt. Die armen Kunstjünger malen Reichtum und dicke Schinkenbrote, wogegen die reichen Leute die Armen in Wort und Bild darstellen. Ich bin bei meinem ›Milljöh‹ geblieben – wenn auch nicht in dem Sinne, den mir ein reicher Malerjüngling erzählte. Als der zufällig ein paar Kinder, die ich oft gezeichnet habe, als Modell bekam und sich bei der Mutter der Kleinen beklagte, daß die Gören so wenig sauber wären, bekam er von der entrüsteten Frau zur Antwort: ›For Zillen könn'n se ja nich dreckich jenuch sin.‹«[4]
Zum Beweis solcher Geschichten konnte die Photographie nichts beitragen. Die Lichtbilder sprechen eine andere Sprache, sie entstammen einem Abschnitt aus Zilles Biographie, der nur durch spärliche Dokumente belegt ist. Zwar sind ihre Motive geklärt, nicht aber zweifelsfrei die Motivation ihres Entstehens. Sie haben eine Vorgeschichte, aber kein Nachspiel. Sie sind handwerkliche Produkte des bei der Berliner »Photographischen Gesellschaft« in Lohn stehenden Retoucheurs und Druckers Heinrich Zille und umreißen zugleich das Studienfeld seiner Selbstfindung als Künstler. Ihre Mitteilung ist ebenso künstlerisch wie dokumentarisch. Sie sind eine Episode im Arbeitsleben Zilles, aber sie markieren einen Höhepunkt in der Geschichte der Photographie. Ihre Existenz verdankt sich denselben Widersprüchen, die Zilles künstlerische Laufbahn kennzeichnen. Sie sind vielleicht der deutlichste Ausdruck einer künstlerischen Bemühung, die aus äußeren wie inneren Gründen restlos nie zu sich finden konnte.

*

Heinrich Zille kam auf Seitenwegen zur Kunst. 1858 in Radeburg in Sachsen als Handwerkersohn geboren, verbrachte er die ersten neun Lebensjahre im Umkreis der Residenzstadt Dresden. 1867 zog die Familie, getrieben von sozialer Not, nach Berlin. Die Hoffnung des Vaters auf ein regelmäßiges Einkommen erfüllte sich nach harten Anfängen, zu denen der Junge durch Heimarbeiten und Verkaufsgänge beitragen mußte. Von den geringen Überschüssen leistete er sich privaten Zeichenunterricht; die Eltern werden in der Begabung des Kindes eine Chance zur sozialen Verbesserung erkannt haben. Nach dem Schulabschluß ging Zille in verschiedenen Lithographenwerkstätten in die Lehre und setzte nebenher die künstlerischen Studien fort. Zeichnen können bedeutete in der Hierarchie des Lithographenhandwerks die Aussicht auf eine qualifizierte Position. Anfangs war Zille mit der Umsetzung von Vorlagen für den Druck befaßt und arbeitete in den verschiedensten Genres: »Bei diesem Lithographen wurden die deutschen Heerführer und Fürsten dutzendweise in allen Größen fabriziert, ebenfalls nach Photographien verstümmelte und geheilte Soldaten auf den Stein gezeichnet«[5], beschreibt er das Produktionsprogramm einer solchen Werkstatt. Repräsentationsbilder und medizinische Werke, der deutsch-französische Krieg von 1870/71 hatte für beides Bedarf geschaffen, das Lithographieren nach Photos war handwerkliche Selbstverständlichkeit. Reine photographische Reproduktionsverfahren waren noch in der Entwicklung, ihre Anwendung blieb für Massenauflagen vorerst zu teuer.

1877 trat der Lithographengeselle Zille in die Berliner »Photographische Gesellschaft« ein. Im gleichen Jahr entsteht seine erste eigene Lithographie, eine in nur einem Exemplar erhaltene spätbiedermeierliche Gelegenheitsarbeit für seine Cousine Helene Zwahr.[6]

Es dauert noch zehn Jahre, ehe Zilles eigene graphische Tätigkeit einsetzt. In der »Photographischen Gesellschaft« fing er ganz unten an und arbeitete sich durch Fleiß und Können empor. Immer-

hin hatte er es nun mit den am meisten entwickelten Reproduktionsverfahren seiner Zeit zu tun. Der Betrieb verstand sich als Kunstanstalt und verlegte Reproduktionswerke nach den Beständen europäischer Museen. Zugleich mit der heliographischen Tätigkeit hat Zille begonnen, seine zeichnerische Arbeit in eigene Radierungen umzusetzen. Die erste Aquatinta-Radierung datiert von 1897. In den neunziger Jahren kopiert er eigene Photos auf die Radierplatte, die er dann zusätzlich »kalt« und mittels Ätzung bearbeitet. Die Motive bleiben allerdings privat, es handelt sich um technische Kabinettstücke, die das Können ihres Produzenten eindrucksvoll nachweisen.[7]
Man kann davon ausgehen, daß Zille die photographischen Apparate seines Betriebes ebenso nutzte wie dessen Möglichkeiten der Verarbeitung der Negative. Er war seit den späten 80er Jahren eine geachtete Fachkraft – manche Quellen weisen ihn gar als »technischen Leiter«[8] des Unternehmens aus –, dem der Firmeninhaber Karl Werckmeister einigen Spielraum gab. Auch finanziell war Zilles fünfköpfige Familie gesichert. Eine Reihe von Radierungen, in denen Zille auf das Arbeitsklima und die Tätigkeitsfelder seines Betriebes anspielt, belegt seine Identifikation mit der Firma. Die »Photographische Gesellschaft«, mit Niederlassungen in Paris, London und New York, unterhielt in Berlin auch einen Verlag, in dem sie Druckgraphik und Reproduktionen von Künstlern der Gruppe der XI und der ihr folgenden Berliner Secession herausbrachte. Liebermann hatte seine erste Radiermappe hier verlegen lassen, und die renommierte Kunsthandlung »Amsler und Ruthard«, die auch Max Klingers Radierungen herausbrachte, gab Druckaufträge. Zille kam auf diese Weise persönlich mit den avancierten Künstlern seiner Zeit in Berührung. Er war Mitte Dreißig, als sich ein eigener künstlerischer Weg abzuzeichnen begann.

*

Aus der historischen Distanz verkürzen sich individuell erlebte Zeiträume extrem. Zille selbst hat später der Langsamkeit seiner eigenen Entwicklung mit Skepsis gegenübergestanden und einige für ihn wichtige Blätter in die frühen achtziger Jahre zurückdatiert. Es bleibt dahingestellt, ob dies aus bewußtem biographischen Korrekturinteresse geschah oder aus Selbsttäuschung. Tatsache ist, daß sein Interesse am sozialen Gegenstand, welches von der Erinnerung an die Jugend ebenso wie von der Literatur des Naturalistenkreises bestärkt worden ist, erst ab der Mitte des neunten Jahrzehnts zur künstlerischen Form fand. Vor diesem biographischen Hintergrund müssen die Photos vor allem gesehen werden. Sie erscheinen dann einerseits als Dokumente einer künstlerischen Selbstfindung und zum anderen als Studienmaterial der Wirklichkeit, deren Details Zille in seinen Zeichnungen verwendete. Eindeutig auf eine Recherche-Funktion festzulegen sind sie keinesfalls. Zille photographierte, was er kannte – als Stütze seines Bildgedächtnisses.

Immerhin hatte die Kunst des letzten Jahrhundert-Drittels die von Zille aufgegriffenen Themen und Motive bereits ausgiebig bearbeitet. Über den Kontakt mit seinem Lehrer Theodor Hosemann war Zille mit der Tradition der erzählenden Bildgeschichten aus dem Alltagsleben vertraut, die Stiche von William Hogarth, dem Erfinder der moralisierenden graphischen Bilderfolge, kannte er nach eigenem Bekunden von Jugend an. Zur Moderne hielt Zille kenntnisnehmende Distanz. Die naturalistische Kunstbewegung war bereits im Abklingen, als Zille begann. Er hatte nicht nur Zola und Dickens gelesen, sondern auch die Arbeiten des Friedrichshagener Kreises wahrgenommen. Viel konsequenter als Zille hatte der zwölf Jahre jüngere Hans Baluschek, der von sich sagte, er habe eine »Kamera im Kopf«, das Situative des Elends erfaßt. Für die symbolische Qualität von Milieu und Moment war Käthe Kollwitz bereits als Spezialistin bekannt.

*

Winfried Rankes Datierung der von Heinrich Zille überlieferten Photos belegt, daß, von einem Portrait der Tochter Margarete (ca. 1888) abgesehen, die Arbeit mit der Kamera in den neunziger Jahren einsetzt. Ranke führt dafür Indizienbeweise an. 1892 hatte

Zille den Berliner Osten, wo er in verschiedenen Wohnungen in Lichtenberg-Rummelsburg gelebt hatte, verlassen und war nach Charlottenburg im Westen gezogen. Er folgte damit seinem Arbeitgeber, der im gleichen Jahr die zu eng gewordenen Produktionsräume der »Photographischen Gesellschaft« aus dem Zentrum an den Stadtrand verlegte, wo neue Maschinen größere Druckformate erlaubten.

Nach langen Jahren der Sammlung und Bildung beginnt erst nach diesem Ortswechsel Zilles eigentliche Künstlerbiographie. Man muß annehmen, daß die Bildhauer August Gaul und August Kraus, die Zille kurz zuvor kennengelernt hatte, daran wesentlichen Anteil hatten. Mit Max Liebermann war Zille durch seine Brotarbeit in Berührung gekommen, und obwohl man von freundschaftlicher Beziehung zwischen den nach Herkunft und Anspruch so unterschiedlichen Künstlern nicht sprechen kann, hat Liebermann seinen »alten Bilderätzer« (Zille) ermutigt und ihn 1924 für die Mitgliedschaft in der Preußischen Akademie der Künste vorgeschlagen. Gaul und Kraus, beide etwa zehn Jahre jünger als Zille, waren gutsituierte und akademisch ausgebildete Künstler. Sie führten ihn in die Künstlerkreise ein, in denen der Handwerker Zille alsbald die Rolle eines Berichterstatters aus dem sozialen Abseits spielte. »Das ahnt ja keiner, was ich alles schon gesehen habe«, hat Zille später resümiert[9], und aus Zeugnissen anderer Künstler geht hervor, daß er seine Kollegen immer wieder gern mit Erzählungen aus dem ihnen verschlossenen Milieu beeindruckte. Ernst Barlach hat die Wirkung solcher Schilderungen 1915 am eigenen Leibe erfahren: »Eine Nacht mit Gaul, Kraus und Zille, eingebrüht in die Berlinische Faunischkeit Zilles...Wir saßen bis nach 2 Uhr ... bei Zilleschen Geschichten, wobei man nicht wußte, durch welche Schlitze seine Augen in was für Höllenkammern des Erdenlebens zu blicken gewohnt sind. Man verträgt einen Puff, aber man fühlt endlings so etwas wie einen Gefühlsschlaganfall im Leibe zucken, einen Ekelkrampf.«[10]

Die Profilierung im neuen Umfeld war der stärkste Antrieb der eigenen Produktion. Zille nahm am gemeinsamen Aktzeichnen teil und partizipierte rege an den Kegelabenden und sonstigen Vergnügungen seiner Freunde. Man erwartete in diesem Kreis Beiträge, die der Besonderheit seiner Arbeit entsprachen, und es mag dies eine Anregung für die Beschäftigung mit der Photographie gegeben haben. Die Folge von Photographien aus den Bildhauerateliers von August Heer, Walter Schmarje, Fritz Klimsch, Gaul und Kraus weist auf den weiten Freundeskreis in der jüngeren Generation. Vor allem mit Bildhauern hatte Zille Verbindung. Bildhauer sind stärker als andere Künstler auf Photographien ihrer Werke angewiesen, und zumindest von Gaul wissen wir, daß Heinrich Zille für ihn Negativplatten entwickelt hat und dies durchaus als Dienstleistung auffaßte: Auf einer Postkarte von 1901 gibt Zille an Gaul seinen »Bericht des ›Entwicklers‹ an den ›Erzeuger‹. 16 Stück Platten entwickelt, sind alle ziemlich gut. Besten Gruß von Haus zu Haus.«[11]

Kraus, der den großen Staatspreis erhalten hatte, lebt zu dieser Zeit in Rom. Zille schreibt ihm regelmäßig, und diese Briefe sind die einzigen bisher bekannten Selbstzeugnisse seines künstlerischen Werdegangs. Im Dezember 1902, Zille war zum zweiten Mal an der Winter-Ausstellung der Berliner Secession beteiligt, schreibt er einen stolzen Bericht nach Rom. Darin ist – trotz des kokettierenden Understatements – sehr genau Zilles Selbsteinschätzung erfaßt: »Die Ausstellung ist sehr gut und es wird gesagt: Wer diesmal nicht rausgeflogen ist, kann es sich zu einer großen Ehre rechnen. Es wurde furchtbar aufgeräumt, glaube 1.200 Nummern zurückgewiesen. Man hat mich in den Zeitungen öfters genannt, wenn die Leute wüßten wie ärmlich meine Striche sind. Na vielleicht später besser. Habe nur Arbeitermotive, die sich niemand in die gute Stube hängt, ick dät's ooch nich'. Sie werden aus den Zeitungen ersehen haben, daß die Franzosen großartig sind: Steinlen usw. (hat einen Saal.) Dann Ihr Fr. Greiner, ist ganz wunderbar, trotzdem mir das fern liegt. Würde wenn ich das Können hätte, Volk machen – Neuzeit. (...) Jetzt sind die ganzen

Zeichnungen und über 100 Straßenskizzen in einer neu gegründeten Kunsthandlung: Amelang Schwarz-Weiß, wo Maler Kappstein künstlerischer Leiter ist. Er wollte gern so eine Art Baluschek haben, damit die Leute sich graulen und die anderen Sachen kaufen sollen. Was er jedenfalls auch erreicht. Trotzdem sind 2 Zeichnungen von mir dort verkauft (das 1ste x in meinem Leben) für den hohen Preis von 37 Reichsmark, Abzug 7 m. macht 30 Mark. Wird auch der Schluß sein. Denke, die Leute werden sie mir billiger wieder anbieten.«[12]

Von den Photos, die Zille da schon zehn Jahre lang macht, spricht er an keiner Stelle des Briefwechsels.

Aber er schickt Kraus im gleichen Jahr eine Postkarte, auf die er eines seiner Photos von Obdachlosen klebt und sie wie eine ganz normale Ansichtskarte für belanglose Mitteilungen nutzt. Gaul erhält ähnliche Karten – aber meist mit Photographien von den gemeinsamen entomologischen Exkursionen. Darüber hinaus hat Zille nur Familienphotos an die Angehörigen verschickt. So deutet alles auf einen ausschließlich privaten Gebrauch dieser Aufnahmen. Es ist keine zeitgenössische Reaktion auf Zilles sozialdokumentarische Photographie bekannt.

Die einzigen schriftlichen Nachrichten, die wir von Zilles photographischer Arbeit haben, stammen aus den unveröffentlichten Briefen an seine Cousine Helene Zwahr im sächsischen Löbau. Zwischen 1897 und 1903 schickt Zille ihr einige Male Briefe, denen er Abzüge seiner Photos beilegt, vor allem Familienbilder (»Unsere Jungen auf der Eisbahn, sind auf der Rückseite markiert«), aber auch solche, die in den Ateliers von Gaul, Kraus und Klimsch entstanden waren, und Naturbilder (»Verschneite Landschaft, Weg zu meinem Geschäft«). 1899, nach einem Besuch in Sachsen beklagt Zille sich über mangelnde Qualität des Materials: »Die in Löbau gekauften Platten haben keine guten Bilder gegeben, werde aber trotzdem Abzüge danach machen und gelegentlich schicken.« Helene revanchiert sich mit eigenen Aufnahmen, und Zille fordert sie auf, daß zu den seltenen Treffen

»eben schriftlicher und bildlicher Verkehr den Ausgleich geben« solle.[13]

*

Zilles photographische Betätigung kann nach deren Anlässen geordnet werden. Die Motivkreise: Familie, Ateliers, Stadt- und Marktszenen, Architekturaufnahmen, Rummel und Reisigsammlerinnen bleiben disparat. Ihnen eine gemeinsame Intention zu unterlegen bleibt gewagt. Die zum Teil weit auseinanderliegenden Aufnahmezeitpunkte belegen das Sporadische von Zilles Photographie. Die Familie und die Ateliers der Künstlerfreunde sind ihm engstens vertraute Lebensbereiche. Zille photographiert darin eher konventionell. Diese Bilder werden gezeigt und versandt; hätten wir nur sie, Zilles photographische Arbeit wäre eine Marginalie geblieben. Das gilt selbst für die wunderbaren Aktstudien, die viel mehr sind als Vorlagen für anatomische Zeichnungen oder Erinnerungen an gemeinsames Arbeiten. Vielmehr versucht er sich in der Adaption malerischer Kompositionsmuster, in die er das Zufällige der Umgebung geschickt einbezieht.
Ebenso »bildmäßig« sind eine Reihe von Architekturdetails gesehen, die Zille oftmals mehrfach aus nur leicht veränderten Blickwinkeln aufnahm. Seine hochentwickelte Sensibilität für die genaue Wiedergabe von atmosphärisch bedeutsamen Einzelheiten, für die narrative Qualität des präzise beobachteten Details findet hier ihr Studienfeld. Man muß genau hinsehen, um die in diesen Photos oftmals verborgene Pointe zu finden – etwa die kleine Geschichte über großstädtische Raumnot, die Zille erzählt, wenn er festhält, wie ein Kohlenhof im Sommer als »Betten-Sonn- und Wäschetrockenplatz« den Anwohnern vermietet wird (Taf. 28).
Heinrich Zille hat zeitlebens kompilierend gearbeitet. Aus verschiedenen Quellen der Wirklichkeit trug er sein Bildmaterial zusammen und fügte es am häuslichen Arbeitstisch zu Zeichnungen, die den Willen zur charakteristischen Zuspitzung verraten. Es war gleichgültig, ob die Beobachtungen für eine Szene aus Berlin NO teils aus dem vergleichsweise vornehmen Charlottenburg stamm-

Stilleben – Blick aus dem Küchenfenster der Charlottenburger Wohnung, um 1900

ten, solange die bestimmenden Details den gemeinten *genius loci* glaubwürdig vertraten. Eine junge Mutter, die mit dem Kleinkind im Arm entspannt das Treiben auf einem Rummelplatz beobachtet (Taf. 64), findet sich auf diese Weise als angstvoll vor der Kneipe Wartende in einem Zille'schen Sozialappell gegen die »Volksseuche« Alkoholismus (*Die Destille*, 1901) wieder. Zum Lüften ins Fenster der Nachbarwohnung gelegte Betten, die Zille aus seinem Küchenfenster photographierte, deuten, bis ins einzelne nachgezeichnet, in dem tragischen Blatt *Zur Mutter Erde* (1905) auf das Sterbezimmer eines Kleinkindes.

Ähnlich verfuhr Zille mit den Photos, die er von Reisig sammelnden Frauen auf dem seiner Wohnung gegenüberliegenden freien Felde machte. Die alltägliche Beschäftigung, bei der die Frauen sich unbefangen ablichten ließen, wurde in Zilles späterer Deutung zu einem Vorgang von sinnbildlicher Tiefe (*Herbst*, 1895, *Das Gewitter*, um 1899).

Die photographisch notierten Motive, deren Stärke gerade im Lapidaren liegt, erfahren im zeichnerischen Umdeuten eine inhaltliche Aufladung. Was Zilles Photographien vom Alltag heute noch immer so aufregend macht, ist aber gerade ihre Ambitionslosigkeit. In der Photographie blieb Zille Amateur im besten Wortsinn; er stand sich nicht im Wege, allenfalls im Licht. Der Widerspruch zwischen ihrer »kunstlosen« Sprache und der folgenden Verwandlung in symbolisch typisierte Zeichnungen ist evident. Und dessen Wurzel liegt in Zilles angestrengter Bemühung zur Kunst. Ihm war nichts leichthin zugefallen, »das ist alles mit Gewalt gemacht, nur mit Gewalt«, hat er über seine Zeichnungen geschrieben. Es war jene »Gewalt«, die er seiner sozial präzisen Beobachtungsgabe antat, um den Ansprüchen an die Kunst, wie er sie als Autodidakt verstand, gerecht zu werden. An Kraus schreibt er 1901 über die Arbeiten des damals recht bekannten Malers und Salonzeichners Ernst Heilemann: »...studierte die Zeichnungen, will jedenfalls die Bahnen wandeln. Habe gehört, daß er bei den ›Lustigen Blättern‹ angestellt ist. Die Zeichnungen, die ich bis jetzt von ihm sah, sind aber noch nicht auf der Höhe. Denke, es ist ein falscher Weg – wo bleibt die Malerei!«[14]

Später, nach seiner Kündigung bei der »Photographischen Gesellschaft« 1907, als sich Zille auf dem freien Markt der Illustratoren

Zur Mutter Erde. »Besauft eich nich un bringt det Sarg wieder, de Müllern ihre Möblierte braucht'n morjen ooch«. Heliogravüre, um 1905

und Pressezeichner durchschlagen mußte, war er auf »die Bahnen« eingeschwenkt. Aber auch der Ehrgeiz nach der »Malerei« hatte ihn verlassen. Zugleich endet das photographische Schaffen. Und in der Kunst war das 20. Jahrhundert angebrochen. Zille, kaum daß er als Künstler unabhängig geworden war, gehörte ihm eigentlich nicht mehr an.

Anmerkungen

1 Der größte Teil der Zille-Literatur besteht aus anekdotischen Beschreibungen. Ein Werkverzeichnis der Zeichnungen, das eine Überschau über das immense Werk ermöglichen könnte, gibt es nicht. Eine soziale Analyse von Wirkung und Entstehungsbedingungen Zille'scher Kunst hat Winfried Ranke in seiner bis heute unübertroffenen Monographie betrieben: *Vom Milljöh ins Milieu. Heinrich Zilles Aufstieg in der Berliner Gesellschaft*, Hannover 1979.

2 Winfried Ranke, *Heinrich Zille. Photographien Berlin 1890–1910*, München 1975

3 Adolf Behne, »Heinrich Zille«, in: *Jahrbuch der Jungen Kunst*, Leipzig 1920, S. 110

4 Heinrich Zille, »Mein Lebenslauf. Aufgezeichnet für die Akademie der Künste in Berlin«, in: *Kunst und Künstler*, Jg. 23, 1925, S. 62 ff.

5 zit. nach: Hans Ostwald, *Das Zille-Buch*, Berlin 1929, S. 22

6 Vgl. D. Rosenbach, R. Altner, M. Flügge, *Heinrich Zille. Das graphische Werk* (Werkverzeichnis der Druckgraphik), Berlin 1984, Werknummer 1

7 ebda., Werknummern 8, 9 und 21

8 undatierter Zeitungsausschnitt (1900/01) aus der *Kreuzzeitung*, reproduziert in: Hans Ostwald, *Zilles Vermächtnis*, Berlin 1930, S. 276

9 zit. nach: Heinrich Zille, *Zwischen Spree und Panke*, Dresden 1925, S. 20

10 Ernst Barlach, »Das Güstrower Tagebuch 1914 – 1917«, in: *Das dichterische Werk*, Bd. 3, München 1959, S. 175

11 Postkarte, Kopie im Archiv des Verf., mitgeteilt von Winfried Ranke

12 Brief vom 17. 12. 1902, Privatbesitz Berlin. Mit leichten Änderungen gedruckt in: Hans Ostwald, *Zilles Vermächtnis*, a. a. O., S. 280 ff.

13 Briefe von Heinrich Zille an Helene Zwahr, Berlin, Privatbesitz

14 *Zilles Vermächtnis*, a. a. O., S. 278

Tafeln

1 Charlottenburg, Sophie-Charlotten-Straße

2 Familienausflug, von links: Heinrich Zille, ein Gast, Hulda und Walter Zille, um 1901/02

3 Pinkelnder Knabe (Walter Zille), um 1901/02

4 Familie Heinrich Zille mit Großmutter Frieske in der Charlottenburger Wohnung, um 1898

5 *Heinrich Zille (4. von links) mit seinen Söhnen Hans (2. von links) und Walter (rechts) im Freibad Charlottenburg-Kochsee, um 1901*

6 *Aktstudie im Atelier des Bildhauers August Gaul, um 1900/03*

7 *Aktstudie im Atelier des Bildhauers August Gaul, um 1900/03*

8 August Kraus in seinem Atelier bei der Arbeit an der Büste des Wedigo von Plotho. Heinrich Zille (rechts) steht ihm dafür Modell, 1899

9 Aktstudie im Atelier des Bildhauers August Heer, um 1900

10 An der Alexanderkaserne, Berlin, Kleine Alexanderstraße nach Süden, vor 1899

11 Frau am Bauzaun

12 Berlin, Dircksenstraße

13 Krögelgasse nach Norden

14 Zwei Knaben in einer Haustür, vermutlich am Krögel

15 Durchgang zum Krögelhof

16 Krögelhof

17 *Straße in Alt-Berlin*

18 Produktenhandlung Minna Neumann, Berlin, Parochialstraße 23, um 1900

19 Umzug im Scheunenviertel

20 Berlin, Hirtenstraße 10 / Ecke Amalienstraße, um 1901

21 *Schusterwerkstatt*

22 Schuster vor ihrer Werkstatt

23 Auf dem Weg zum Spielplatz, Charlottenburg, Sophie-Charlotten-Straße, vor 1902

24 Arbeiter auf dem Heimweg, Charlottenburg, Sophie-Charlotten-Straße, um 1902

25 *Straßenbauarbeiten, Berlin, Dircksenstraße*

26 *Arbeitspause, Abbruch im Scheunenviertel, um 1910*

27 *Fabrikanlage*

28 Kohlenplatz, Charlottenburg, Dankelmannstraße 16 a

29 Bauzaun, Berlin, Kaiser-Wilhelm-Straße, vor 1898

30 Roß-Schlächterei Hedwig Peters, Berlin-Wedding, Müllerstraße 24, um 1910

31 Beerdigungsinstitut Gustav Aßmann, Berlin, Bergstraße 69, um 1910

32 Sargmagazin »Thanatos«, Berlin, Holzmarktstraße 45

33 Otto Spiegel – Wild und Gemüse, Berlin-Wedding, Reinickendorfer Straße 101, um 1912

34 Pelze und Rauchwaren

35 »Berliner Chic«, Berlin, Linienstraße 34/35, 1908/09

36 Passage Panoptikum, Friedrichstraße / Ecke Behrenstraße, um 1910

37 *Auf einer Kreuzung der Friedrichstraße*

38 Potsdamer Platz, Passanten beobachten eine Sonnenfinsternis,
17. April 1912

39 Vor dem Denkmal Kaiser Wilhelms I., Berlin, Schloßfreiheit

40 An der Friedrichsgracht, nach 1901

41 Jungfernbrücke, nach 1900

42 Spreeufer zwischen Krögel und kleiner Stralauer Straße, im Hintergrund der Turm des Stadthauses, um 1910

43 An der Friedrichsgracht, nach 1901

44 *Charlottenburg, Markt auf dem Friedrich-Karl-Platz, Frauen beim Einkauf, um 1900*

45 Charlottenburg, Markt auf dem Friedrich-Karl-Platz, Frauen beim Einkauf, um 1900

46 Charlottenburg, Markt auf dem Friedrich-Karl-Platz, um 1900

47 *Charlottenburg, Markt auf dem Friedrich-Karl-Platz, um 1900*

48 Charlottenburg, Markt auf dem Friedrich-Karl-Platz, um 1900

49 Zwei Reisigsammlerinnen mit Holzfuhre, um 1900

50 Zwei Frauen bei der Heimkehr aus dem Grunewald, um 1900

51 Rastende Frauen und Kinder, um 1900

52 *Gruppe von Charlottenburger Frauen mit Rückenlasten auf dem Heimweg, um 1900*

53 Reisigsammlerinnen auf dem Heimweg, um 1900

54 Kinder auf der Straße

55 Kinder auf der Knobelsdorff-Brücke

56 Kinder auf der Knobelsdorff-Brücke

57 Neun Berliner Jungen …

58 … üben Handstand an einer Böschung

59 Wäschetrockenplatz in Charlottenburg, Sophie-Charlotten-Straße, um 1900

60 Kinderzeichnungen auf einem Bretterzaun

61 Rummelplatz am Schützenhaus, Charlottenburg, Lietzensee-Park, Blick aus dem Bierzelt, um 1900

62 Rummel. Vor dem Hundetheater, um 1900

63 Festtagspublikum beim Rummel am Schützenhaus, um 1900

64 Gespannte Zuschauer beim Rummel, um 1900

65 Beim Karussell, um 1900

66 *Jungen auf dem Rummelplatz, um 1900*

67 Spielende Kinder zwischen geschlossenen Buden, um 1900

68 Frauen und Kinder auf dem Rummel am Schützenhaus, um 1900

69 Karussellfahrt, um 1900

70 *Karussellpferde*

71 Am Rande des Rummelplatzes

Biographische Daten

1858 Rudolf Heinrich Zille wird am 10. Januar in Radeburg bei Dresden geboren als Sohn des Uhrmachers und Grobschmieds Johann Traugott Zille und seiner Frau Ernestine Louise Zille, geb. Heinitz.

1865 Umzug nach Potschappel bei Dresden. Heinrich besucht dort die Dorfschule.

1867 Die Familie zieht nach Berlin.

1869 Heinrich erhält Zeichenunterricht.

1872–1875 Lehre als Lithograph bei Fritz Hecht, Berlin.

1875–1877 Geselle in verschiedenen lithographischen Werkstätten.

1877 Beginn seiner Tätigkeit als Lithograph in der »Photographischen Gesellschaft« in Berlin. Ein erstes lithographisches Blatt entsteht.

1880–1882 Militärdienst in Frankfurt/Oder.

1883 Heirat mit Hulda Frieske. Sie ziehen in eine Wohnung im Rummelsburger Kiez.

1884 Geburt der Tochter Margarete.

1886 Militärdienst in Angermünde.

1887 Zille fertigt seine erste Aquatinta-Radierung.

1888 Geburt des Sohnes Hans.

Um 1890 In dieser Zeit beginnt Heinrich Zilles Freundschaft mit den Bildhauern August Gaul und August Kraus. Er lernt Max Liebermann kennen.

1891 Geburt des Sohnes Walter.

1892 Umzug nach Charlottenburg in die Sophie-Charlotten-Straße 88. Unter dem Einfluß des literarischen Naturalismus fertigt Zille die ersten Radierungen.

Um 1894 Reise nach Schweden.

1897 August Kraus modelliert eine kleine Figur von Zille.

1901 Die Ausstellung »Zeichnende Künste« der Berliner Sezession zeigt erstmals Arbeiten Heinrich Zilles. Von da an nimmt er regelmäßig an den Herbst/Winter-Ausstellungen der Berliner Vereinigung teil.

1901–1906 Regelmäßige Zeichen- und Aktstudien.

1902 Erste Einzelausstellung in Amelangs Kunstsalon in Berlin.

1903 Mitglied der Berliner Sezession. Im *Simplicissimus* werden erste Arbeiten veröffentlicht. Es folgen bald Veröffentlichungen in den *Lustigen Blättern*, Berlin, und in der *Jugend*, München.

1907 Entlassung aus der »Photographischen Gesellschaft«. Heinrich Zille ist von nun an freiberuflich tätig. Er veröffentlicht kurz darauf seinen ersten Bildband *Kinder der Straße*. Künstlerhefte, Mappenwerke mit Künstlerdrucken und Lithographien folgen.

1908/09 Tod der Eltern.

1910 Er erhält den Menzel-Preis, gemeinsam mit Fritz Koch-Gotha.

1914 Der zweite Bildband *Mein Milljöh* erscheint.

1916 Ausstellung der Zeichnungen *Korl und Vadding* im Salon Casper, Berlin. Zille entwickelt sich allmählich zum Kriegsgegner. Er veröffentlicht antimilitaristische Arbeiten wie »Das eiserne Kreuz« oder die Mappe *Kriegsmarmelade*.

1919 Tod von Hulda Zille.

1920 Heinrich Zille zeichnet und erzählt Jugenderinnerungen in *Aus meiner Jugendzeit*.

1923 Ausstellung bei Hugo Erfurth in Dresden.

1924 Berufung als Ordentliches Mitglied in die Preußische Akademie der Künste. Ernennung zum Professor. Zille beteiligt sich u. a. an der *Hungermappe* der Künstlerhilfe und der Internationalen Arbeiterhilfe.

1924/25 Teilnahme mit 17 Werken an der »Ersten deutschen Kunstausstellung« in Moskau, Leningrad und Saratow.

1925 Es entstehen die Lithographien für *Komm, Karlineken, komm!*
Uraufführung des ersten Films *Die Verrufenen (Der fünfte Stand)*, gestaltet nach Eindrücken und Erlebnissen von Heinrich Zille. Regie führte Gerhard Lamprecht.
Erster »Zille-Ball« im Großen Schauspielhaus.
Wegen der im *Simplicissimus* veröffentlichten Lithographie »Modelle im Atelier« wird Zille in Stuttgart, trotz der rechtfertigenden Gutachten von Liebermann, Slevogt u. a., zu einer Geldstrafe verurteilt.

1926 Uraufführung des Zille-Films *Die da unten.*

1927 Filmaufnahmen für die Sammlung *Schaffende Hände* des Instituts für Kulturforschung.

1928 Anläßlich des 70. Geburtstags findet eine Ausstellung »Zilles Werdegang« im Märkischen Museum, Berlin, statt.
Filmaufnahmen für *Acht Maler und ein Modell.*
Zille wirkt mit an der von Otto Nagel neubegründeten satirischen Zeitschrift *Eulenspiegel.*
Bronzebüste Heinrich Zilles von August Kraus.

1929 Am 9. August stirbt Heinrich Zille. Er wird in Stahnsdorf bei Berlin beigesetzt.
Im gleichen Jahr findet die Uraufführung des Zille-Films *Mutter Krausens Fahrt ins Glück* statt. Käthe Kollwitz entwirft dafür das Filmplakat.

Literaturhinweise

Heinrich Zille:
- *Kinder der Straße. 100 Berliner Bilder*, Berlin 1908
- *Mein Milljöh. Neue Bilder aus dem Berliner Leben*, Berlin 1914
- »Mein Lebenslauf. Aufgezeichnet für die Akademie der Künste in Berlin«, in: *Kunst und Künstler*, Jg. 23, 1925
- *Zwischen Spree und Panke*, Dresden 1925
- *Vier Lebensalter*, Berlin 1929

Altner, Renate: *Heinrich Zille 1858–1929*, Kat. des Märkischen Museums, Berlin 1979

Behne, Adolf: »Heinrich Zille«, in: *Jahrbuch der Jungen Kunst*, Leipzig 1920

Danke, Rudolf: *Heinrich Zille erzählt*, Dresden 1928

Flügge, Gerhard / Köhler-Zille, Margarete: *Mein Vater Heinrich Zille*, Berlin 1955

Flügge, Matthias: *Heinrich Zille*, »Klassiker der Karikatur«, Bd. 18, Berlin 1979

Fischer, Lothar: *Zille*, »Rowohlts Monographien«, Reinbek 1979

Heilborn, Adolf: *Die Zeichner des Volks – Käthe Kollwitz, Heinrich Zille*, Berlin 1924

Kaufhold, Enno: *Heinrich Zille. Photograph der Moderne*, Verzeichnis des photographischen Nachlasses; hrsg. von der Photographischen Sammlung der Berlinischen Galerie, München 1995

Luft, Friedrich: *Mein Photo-Milljöh. Hundertmal Alt-Berlin, aufgenommen von Heinrich Zille*, Hannover 1967

Nagel, Otto: *Für Alle. Ernstes und Heiteres von Heinrich Zille*, Berlin 1929
- *Heinrich Zille*, Berlin 1955

Ostwald, Hans (unter Mitarbeit von Heinrich Zille): *Das Zille-Buch,* Berlin 1929
– /Zille, Hans: *Zilles Vermächtnis,* Berlin 1930
– (Hrsg.): *Zille's Hausschatz,* Berlin 1931
Ranke, Winfried: *Heinrich Zille. Photographien Berlin* 1890–1910, München 1975
– *Vom Milljöh ins Milieu. Heinrich Zilles Aufstieg in der Berliner Gesellschaft,* Hannover 1979
Reinoß, Herbert (Hrsg.): *Das neue Zille-Buch,* Hannover 1969
Rosenbach, D. / Altner, P. / Flügge, M.: *Heinrich Zille. Das graphische Werk,* Berlin 1984